NÃO PARAREI DE GRITAR

CARLOS DE ASSUMPÇÃO

Não pararei de gritar
Poemas reunidos

Organização
Alberto Pucheu

2ª reimpressão

COMPANHIA DAS LETRAS

Copyright © 2020 by Carlos de Assumpção

Grafia atualizada segundo o Acordo Ortográfico da Língua Portuguesa de 1990, que entrou em vigor no Brasil em 2009.

Capa
Alceu Chiesorin Nunes

Imagem de capa
Sem título, Rubem Valentim, 1960, acrílica sobre tela, 70 cm × 50 cm.
Coleção Simão J. Abrahão dos Santos e Carlos Roberto Cândido.
Reprodução de Eduardo Ortega.

Foto de quarta capa
Ricardo Benichio

Preparação
Heloisa Jahn

Revisão
Angela Neves
Jane Pessoa

Dados Internacionais de Catalogação na Publicação (CIP)
(Câmara Brasileira do Livro, SP, Brasil)

Assumpção, Carlos de, 1927-
  Não pararei de gritar : Poemas reunidos / Carlos de Assumpção ; organização Alberto Pucheu. — 1ª ed.
  — São Paulo : Companhia das Letras, 2020.

  ISBN 978-85-359-3318-5

  1. Poesia brasileira I. Título.

20-32951   CDD-B869.1

Índice para catálogo sistemático:
1. Poesia : Literatura brasileira   B869.1

Maria Alice Ferreira – Bibliotecária – CRB-8/7964

Todos os direitos desta edição reservados à
EDITORA SCHWARCZ S.A.
Rua Bandeira Paulista, 702, cj. 32
04532-002 — São Paulo — SP
Telefone: (11) 3707-3500
www.companhiadasletras.com.br
www.blogdacompanhia.com.br
facebook.com/companhiadasletras
instagram.com/companhiadasletras
twitter.com/cialetras

Sumário

PROTESTO (1982)
Tambor, 11
Crime, 12
Questão de sorte, 13
Pés brancos sobre estrelas, 14
Meu quilombo, 15
Identidade, 16
Inocência, 17
Pedras, 18
Fênix, 19
Alma branca, 20
Rebeldia, 21
Mãe, 22
Tema de Natal, 24
Poema verídico, 26
Tambor II, 28
Ponte de ouro, 29
Eclipse, 30
Amanhecer (anoitecer), 32
Resistência, 34
Protesto, 35
Aleluia, 40
Mulher negra, 42
O sorriso de São Benedito, 44
Meus avós, 46

Canção, 53
Autorretrato, 56

QUILOMBO (2000)
Presença, 59
Batuque (dança afro-tieteense), 61
Neste mundo, 64
Poema do amargo cotidiano, 65
Prece, 67
Que negros somos nós, 68
Baticum do boia-fria, 71
13 de maio, 73
Arco-íris, 74
Rotina, 75
É preciso que saibamos, 76
Linhagem, 77
Raízes, 78
Canção de amor, 80
História, 84
Quinhentos anos, 85
Samba de roda, 86
Tema cristão, 88

TAMBORES DA NOITE (2009)
Minha luta, 93
Cavalo dos ancestrais, 95
Indignação, 97
Complexo, 98
Dilema, 100
Destituição, 101

Encontro, 103
O caso de tia Ana, 104
Elegia ao velho rio, 105

PROTESTO E OUTROS POEMAS (2015)
Estereótipos, 109
Noite feliz, 110
Cabelo, 111
Eu sou negro, 112
Quando Zumbi voltar, 113
Estão matando, 115
Indenização, 116
Eu, 117
Mães da Baixada Fluminense, 119
Dito, 121
Como diriam, 122
Patrício, 123
Branqueamento, 124
Poema adaptado, 125
Berimbau, 126
Salada (quadrinhas), 128

POEMAS ESCOLHIDOS (2017)
Esses fanáticos, 131
Madame, 132
Rosyane Silwa, 133
Boneca preta, 134
Irmão de todo mundo, 135
A princesa Isabel, 136
Minha tia Maria, 137

São Benedito do Tietê, 138
Meus pais, 139
A volta de Zumbi, 140
Este ano, 142
Profecia, 143

POEMAS INÉDITOS (2018-9)
Conselho, 147
Adivinha, 148
Zé Tambor, 149
Não sou preto, 150
Bala perdida, 151
Eu também sou, 152
No planalto de Brasília, 153
Vim da África, 154
Quem mandou matar Marielle, 155

Posfácio: Carlos de Assumpção, uma história que grita
— Alberto Pucheu, 157

PROTESTO

(1982)

Tambor

Tambor
dá asas a nosso grito contido há séculos
grita
nada de pequenos lamentos inúteis
nada de pranto
grita tambor
grita
estamos do lado de fora
com as mãos vazias
e as portas estão fechadas
com chaves de desamor
grita
tambor
grita
temos sede de vida
e estamos cansados de tanta dor

Crime

De repente
Duma viatura
Saltam sobre mim
Vários policiais

Com cassetetes revólveres
Metralhadoras em punho
E com ódio
No olhar

Me cercam de repente
No meio da calçada
Num círculo de terror

Não me pedem documentos
Não me perguntam nada
Basta a minha cor

Questão de sorte

para José Batista da Silva

O negro era inteligente
O branco não
O negro era culto
O branco não
O negro era educado
O branco não
O negro era capaz
O branco não

Foram juntos pedir emprego
A uma mesma repartição
Umas três vagas havia
Fizeram sua inscrição

Decisão
O branco foi contratado
O negro não

Pés brancos sobre estrelas

Vocês se apoderam das terras
Dos rios e dos mares
Dos campos e das cidades
Dos costumes e das leis
Da vida e da morte
Do céu e do inferno
De Deus e do Diabo

Vocês se julgam senhores exclusivos de tudo

Vocês estão esquecidos
De que tudo aqui foi construído por mim
E ninguém mais

Vocês não percebem
Que pisam o sangue sagrado de meus ancestrais

Meu quilombo

Não acredito em ninguém
Não jogo de ponta-direita
Não jogo de ponta-esquerda
Não jogo de centroavante
Não vou jogar contra mim mesmo
Não me interessam tais posições

Sou apenas um homem
Lutando em seu quilombo de palavras
Apenas um homem
Tentando interpretar anseios e esperanças
De todo um povo desprezado explorado
Que um dia há de se levantar

Identidade

Muita gente esquece irmão
Esquece maldosamente
Que negro tem coração
Tal como tem toda gente

Inocência

A menininha disse zangada
Que sua coleguinha ao lado
"Me xingara de negro"
E acrescentou
"Deus vai castigar ela professor
Ela ainda vai casar com um negro"

Pedras

Deus devia meu irmão
(É o que sempre tenho dito)
Dar ao negro coração
Mas coração de granito

Fênix

Riram de nossos valores
Apagaram os nossos sonhos
Pisaram a nossa dignidade
Sufocaram a nossa voz
Nos transformaram em uma ilha
Cercada de mentiras por todos os lados
Nos dividiram
Nos puseram à margem de tudo

Irmãos

Precisamos reconstruir a nossa vida
Precisamos conquistar nosso lugar
Na casa que um dia nós edificamos
E onde não conseguimos entrar
Precisamos reacender os nossos sonhos
Precisamos levantar a nossa voz
Precisamos derrubar
A muralha de rocha e cal
Que ergueram em torno de nós

Alma branca

Isso é discriminação
Deixe disso meu irmão
Mesmo quando elogia
Você mostra é prevenção
Pare com isso por favor
Quem já viu a alma algum dia
Pra saber se ela tem cor

Rebeldia

Nunca irei para a guerra
(Declaro bem alto que não)
E não pense que sou covarde
Que covarde é quem mata irmão

Mãe

Noite,
Os anos já pintaram de luar os teus cabelos,
No entanto, tudo parece estar acontecendo agora,
Neste instante.

Noite,
Após tantos anos,
Neste momento,
Vejo tudo diante de mim,
Como se estivesse assistindo a um filme da infância;

Nós, teus filhos, todos pequenos,
O relógio parado na hora de privações,
Tantos sonhos de asas quebradas pelos cantos
De nossa casa pobre, sem conforto;

Tu, mulher ainda jovem, tão boa, tão calma,
Constelação de esperança e ternura,
Inspirando segurança,
Inspirando fé, amor,
Em meio a tantos vendavais.

Noite,
Tua luta foi para nós teu maior ensinamento
Sofrias (hoje o sei), entretanto,
Em nossa presença, nunca uma lágrima
Rolou pelo teu rosto.

Noite,
Desde criança aprendi a amar-te,
Mas só hoje, adulto, é que vejo, comovido,
As incontáveis estrelas que brilham em teu ser
E que tantos vendavais não conseguiram apagar.

Tema de Natal

para Wágner de Campos

Em mim, o Natal chegando,
Nascendo em mim o Jesus,
Dentro em meu peito brilhando,
A estrela cheia de luz,

Sairei pelos caminhos,
Cidades, ruas, estradas,
Consolando almas magoadas,
Corações cheios de espinhos...

Irei ao cimo das serras
Mais altas, para gritar,
Com voz mais forte que o mar,
Que não deve haver mais guerras...

Gritarei aos quatro ventos
Que somos todos irmãos,
Devemos dar-nos as mãos,
Pôr fim a tantos tormentos.

E depois de correr mundo,
Pregando aos homens o amor,

Irei viver bem no fundo
De uma região esplendor,

Sem esperar gratidão,
Recompensa de ninguém,
Gozando a satisfação
De um dia ter feito o bem.

Poema verídico

Em rostos de cal
Olhos impassíveis
Frios como punhais
À minha frente me dizem não

Se eu gritasse se eu gritasse
Se eu gritasse que os meus ais
Se eu gritasse que o meu pranto
Se eu gritasse que o meu sangue
As marcas do meu trabalho
Meu amor incomparável
Estão em todas as partes
Em toda argamassa da pátria
Que adiantaria gritar

Se eu gritasse se eu gritasse
Que este país é "a maior
Democracia racial
Do mundo" como muita gente
Faz questão de proclamar
Que adiantaria gritar

Se eu gritasse se eu gritasse
Que existe em nosso Código Penal
Uma lei (aqui entre nós ineficaz)
Que pune a discriminação
De raça ou de cor
Que adiantaria gritar

Se eu gritasse se eu gritasse
Que tem a nação para comigo
Uma dívida de quatro séculos
De quatro séculos de sacrifício
Que precisa ser saldada
Que adiantaria gritar

Se eu gritasse se eu gritasse
Que somos feitos do mesmo barro
Que somos filhos do mesmo Pai
Que adiantaria gritar

Estes olhos claros impassíveis
Frios como punhais
Continuariam me dizendo não

Tambor II

Tambor
são inúteis nossos gritos
silêncio
tambor
neste mundo branco
somos considerados incômodas
manchas negras
apenas
silêncio
tambor de nostalgia
tambor de angústia
tambor de desesperança
silêncio
tambor
ninguém compreende nossa mensagem de dor

Ponte de ouro

Vou-me embora... Vou-me embora...
Ninguém escuta meu grito.
Tenho uma ponte de sonho
De minh'alma pro infinito.

Vou-me embora, estou cansado,
Cansado, irmão, vou-me embora.
Com tantas almas de pedra
É inútil esperar aurora...

Não mais mandarei aos homens
A voz do meu telegrama.
Os homens, abutres de ódio,
Assassinam a quem ama.

Vou-me embora... Vou-me embora...
Não mais protesto nem grito
Tenho uma ponte de sonho
De minh'alma pro infinito.

Eclipse

Olho no espelho
E não me vejo
Não sou eu
Quem lá está

Senhores
Onde estão os meus tambores
Onde estão meus orixás
Onde Olorum
Onde o meu modo de viver
Onde as minhas asas negras e belas
Com que costumava voar

Olho no espelho
E não me vejo
Não sou eu
Quem lá está

Senhores
Quero de volta
Os meus tambores
Quero de volta
Os meus orixás

Quero de volta
Meu Pai Olorum
Em seu esplendor sem par
Quero de volta
O meu modo de viver
Quero de volta
As minhas asas negras e belas
Com que costumava voar

Olho no espelho
E não me vejo
Não sou eu
Quem lá está

Séculos de destruição
Sobre os ombros cansados
Estou eu a carregar
Confuso sem norte sem rumo
Perdido de mim mesmo
Aqui neste lado do mar
Um dia no entanto senhores
Eu hei de me reencontrar

Amanhecer
(anoitecer)

Durante muito tempo
Andei à procura de mim mesmo
Pelos caminhos da dor
Durante muito tempo
Andei à procura de mim mesmo
Pelos caminhos da dor

Andei à procura de mim mesmo
Por entre os escombros
De minha vida solapada
À procura do meu orgulho
Curvado a chicotadas
À procura dos meus tambores
Dos meus tambores guerreiros e festivos
Silenciados de repente
À procura dos Deuses protetores
Que regiam os acontecimentos
Antes do cataclismo branco

Não foi inutilmente
Que andei à procura de mim mesmo
Pelos caminhos da dor

Não foi inutilmente
Que andei à procura de mim mesmo
Pelos caminhos da dor

Eis que me reencontro afinal

Meu orgulho
Meus tambores
Meus Deuses
Estão despertos
Estão despertos novamente
Novamente despertos
Estão nas ruas do meu sangue
Novamente

Resistência

Tocai tambores tocai
Não tenho mais medo da morte
Sei que não vou desaparecer
Tocai tambores tocai

Em toda parte
Muitas mãos de ébano
Estão tecendo o destino da raça

Sei que não vou desaparecer
Não tenho mais medo da morte
Não tenho mais medo de nada
Tocai tambores tocai
Tocai tambores da alvorada

Protesto

Mesmo que voltem as costas
Às minhas palavras de fogo
Não pararei de gritar
Não pararei
Não pararei de gritar

Senhores
Eu fui enviado ao mundo
Para protestar
Mentiras ouropéis nada
Nada me fará calar

Senhores
Atrás do muro da noite
Sem que ninguém o perceba
Muitos dos meus ancestrais
Já mortos há muito tempo
Reúnem-se em minha casa
E nos pomos a conversar
Sobre coisas amargas
Sobre grilhões e correntes
Que no passado eram visíveis
Sobre grilhões e correntes

Que no presente são invisíveis
Invisíveis mas existentes
Nos braços no pensamento
Nos passos nos sonhos na vida
De cada um dos que vivem
Juntos comigo enjeitados da pátria

Senhores
O sangue dos meus avós
Que corre nas minhas veias
São gritos de rebeldia

Um dia talvez alguém perguntará
Comovido ante meu sofrimento
Quem é que está gritando
Quem é que lamenta assim
Quem é

E eu responderei
Sou eu irmão
Irmão tu me desconheces
Sou eu aquele que se tornara
Vítima dos homens
Sou eu aquele que sendo homem
Foi vendido pelos homens
Em leilões em praça pública
Que foi vendido ou trocado
Como instrumento qualquer
Sou eu aquele que plantara
Os canaviais e cafezais

E os regou com suor e sangue
Aquele que sustentou
Sobre os ombros negros e fortes
O progresso do país
O que sofrera mil torturas
O que chorara inutilmente
O que dera tudo o que tinha
E hoje em dia não tem nada
Mas hoje grito não é
Pelo que já se passou
Que se passou é passado
Meu coração já perdoou
Hoje grito meu irmão
É porque depois de tudo
A justiça não chegou

Sou eu quem grita sou eu
O enganado no passado
Preterido no presente
Sou eu quem grita sou eu
Sou eu meu irmão aquele
Que viveu na prisão
Que trabalhou na prisão
Que sofreu na prisão
Para que fosse construído
O alicerce da nação
O alicerce da nação
Tem as pedras dos meus braços
Tem a cal das minhas lágrimas
Por isso a nação é triste

É muito grande mas triste
E entre tanta gente triste
Irmão sou eu o mais triste

A minha história é contada
Com tintas de amargura

Um dia sob ovações e rosas de alegria
Jogaram-me de repente
Da prisão em que me achava
Para uma prisão mais ampla
Foi um cavalo de Troia
A liberdade que me deram
Havia serpentes futuras
Sob o manto do entusiasmo
Um dia jogaram-me de repente
Como bagaços de cana
Como palhas de café
Como coisa imprestável
Que não servia mais pra nada
Um dia jogaram-me de repente
Nas sarjetas da rua do desamparo
Sob ovações e rosas de alegria

Sempre sonhara com a liberdade
Mas a liberdade que me deram
Foi mais ilusão que liberdade

Irmão sou eu quem grita
Eu tenho fortes razões

Irmão sou eu quem grita
Tenho mais necessidade
De gritar que de respirar

Mas irmão fica sabendo
Piedade não é o que eu quero
Piedade não me interessa
Os fracos pedem piedade
Eu quero coisa melhor
Eu não quero mais viver
No porão da sociedade
Não quero ser marginal
Quero entrar em toda parte
Quero ser bem recebido
Basta de humilhações
Minh'alma já está cansada
Eu quero o sol que é de todos
Quero a vida que é de todos
Ou alcanço tudo o que eu quero
Ou gritarei a noite inteira
Como gritam os vulcões
Como gritam os vendavais
Como grita o mar
E nem a morte terá força
Para me fazer calar

Aleluia

Música para todos os homens
Venham todos cantar
Venham todos dançar

Aleluia

Música embaladora como braços maternos
Como rede
Música caída do céu como chuva benfazeja
Enraizada na aurora mais linda que o mundo já viu
Brotada da terra como planta vigorosa

Aleluia aleluia

Todos os homens
Venham todos cantar
Venham todos dançar
Música de ninguém
Música de todos
Feita de barro e de astros
De pés e de asas
De tambores e silêncios

Aleluia aleluia aleluia

Música para todos os homens
Para todos os homens
Cantarem
Dançarem
Ao compasso do amor

Mulher negra

Eu canto tua beleza
A noite de tua pele
A luz estelar de teus olhos oblíquos
O chocolate de teus lábios grossos
O luar de teu sorriso
Os teus cabelos que não se desalinham
Ao sopro do vento

Eu canto tua beleza
Tua graça noturna
A música da tua voz
A dança de teus passos
O ritmo do teu andar

Eu canto tua beleza
Tua suavidade de sombra
Tua graça noturna
O mistério do teu corpo
Esculpido em ébano

Eu canto tua beleza
A noite de tua pele
A luz estelar de teus olhos oblíquos

O chocolate de teus lábios grossos
O luar de teu sorriso
Os teus cabelos que não se desalinham
Ao sopro do vento
O teu encanto de mulher

O sorriso de São Benedito

São Benedito do cimo do seu altar
Observa o homem poderoso
Que ajoelhado a seus pés
Reza com tanta devoção

São Benedito observa-o e sorri
O homem branco poderoso
O mais rico empresário da região
Presta ao Santo Negro suas homenagens
Manda-lhe flores
Assiste-lhe à missa
Segue-o na procissão
Reverencia-o de todo modo
E agora ajoelhado a seus pés
Reza com tanta devoção
São Benedito observa-o e sorri
Não um sorriso de escárnio
Que ele é todo humilde
É todo mansidão

Sorri um sorriso de tristeza
De tristeza e compaixão
Pois São Benedito sabe

Que o homem poderoso
O mais rico empresário da região
Não admite negro em sua empresa
Não vê em nenhum homem negro
Em nenhum homem negro um seu irmão

Meus avós

à Profa. Eunice de Paula Cunha

Os meus avós foram fortes
Foram fortes os meus avós

Orgulho-me dos meus avós
Que outrora
Carregaram sobre as costas
A cruz da escravidão

Orgulho-me dos meus avós
Que outrora
Trabalharam sozinhos
Para que este país
Se tornasse tão grande
Tão grande como hoje é

Os meus avós foram fortes
Foram fortes os meus avós

Este país meus irmãos é fruto
Das sementes de sacrifício
Que os meus avós plantaram
No solo do passado

Há muitas histórias
Sobre os meus avós
Que a História não faz
Questão de contar

Os meus avós foram bravos
Foram bravos os meus avós

Embora ainda não conhecessem
A nova terra
A que tinham sido transportados
Acorrentados como se fossem feras
Nos sinistros navios negreiros
Embora ainda não conhecessem
A nova terra
Os meus avós fugiam das fazendas
Cidades bandeiras e minas
E se embrenhavam nas florestas
Perseguidos por cães e capitães do mato

Há muitas histórias
Sobre os meus avós
Que a História não faz
Questão de contar

E a história
Dos que desesperados
Se atiravam dos navios
No abismo do oceano
E eram acalentados
Por Iemanjá

E a história
Dos que enlouquecidos
Gritavam em vão
Chamando a mãe África
Saudosos da África
Ansiosos por estreitar
De novo nos braços
A velha mãe África

E a história
Dos que morriam de banzo
Dos que se suicidavam
Dos que recusavam
Qualquer alimento
E embora ameaçados
Por troncos e chicotes
Não se alimentavam
E acabavam morrendo
Encontrando na morte afinal
A porta da liberdade

E as fugas em massa
Planejadas na noite das senzalas

E os feitores
Mortos nos eitos

E os senhores
Mortos nas casas-grandes
E nas tocaias das estradas

Há muitas histórias
Sobre os meus avós
Que a História não faz
Questão de contar

Os meus avós foram bravos
Foram bravos os meus avós

Não me venham dizer
Que os meus avós se submeteram
Facilmente à escravidão

Não me venham dizer
Que os meus avós foram
Escravos submissos
Por favor não me venham dizer

Eu não aceito mentiras
Cortarei com a espada
Dos meus versos
A cabeça de todas as mentiras
Mal-intencionadas
Com que pretendem humilhar-me
Destruir o meu orgulho
Falseando também
A história dos meus avós

Os meus avós foram bravos
Foram bravos os meus avós

Apesar dos "castigos
Públicos para exemplo"

Apesar de flagelados
Na carne e na alma

Apesar de divididos
E oprimidos
Pelo regime aviltante

Apesar de todas
As crueldades sofridas

Os meus avós nunca
Nunca se submeteram
À escravidão

Há muitas histórias
Sobre os meus avós
Que a História não faz
Questão de contar

Os meus avós foram fortes
Foram bravos
Foram bravos foram fortes
Os meus avós

A quem ainda duvide
Aponto entre outras epopeias
A epopeia dos Palmares

Cujos quilombolas chefiados
Pelo herói negro Zumbi
Acuados pelos inimigos
Muito mais bem armados
E muito mais numerosos
Esgotadas todas as forças
Apagadas as esperanças
Despenham-se da Serra da Barriga
Preferindo a morte gloriosa
À infame vida de escravos

Aponto as revoltas malês
Quando os batacotôs
(Tambores guerreiros)
Puseram em pânico
A cidade da Bahia

Aponto o quilombo de Jabaquara
Outro exemplo de bravura
Dos meus avós

Aponto as sociedades negras secretas
Que angariavam fundos
Para comprar a alforria
De irmãos escravizados

Há muitas histórias
Sobre os meus avós
Que a História não faz
Questão de contar

Meus avós foram fortes
Foram bravos
Foram bravos foram fortes
Os meus avós

Canção

Será amanhã irmãos
Ele chegará
Pelo caminho das estrelas
Não se desesperem

Será amanhã irmãos
Fraternidade
Vida boa
Pão com fartura
Para todos
Pão e luz
Com fartura
Para todos

Será amanhã irmãos
Ele chegará
Pelo caminho das estrelas

Bandeiras inquietas
Já tremulam no horizonte
Tenho toda a certeza
Será amanhã irmãos
Não se desesperem

Olhos famintos
Magras mãos convulsas
Não se desesperem
Será amanhã irmãos
Ele chegará
Pelo caminho das estrelas

Seus passos são incontroláveis

Ninguém consegue impedir
O nascimento do sol

Será amanhã irmãos
Será amanhã
Fraternidade
Cânticos
Danças
Alegria

Pão com fartura
Para todos
Pão e luz
Com fartura
Para todos

Será amanhã
Amanhã irmãos
Ele chegará
Pelo caminho das estrelas

Seus passos são incontroláveis
Bandeiras inquietas
Já tremulam no horizonte
Ninguém consegue impedir
O nascimento do sol

Será amanhã
Amanhã irmãos

Autorretrato

Eu sou a noite
Sem destino
Esbofeteada pelo vento
Nesta selva branca

Noite
Que procura caminho
Como o faminto
Procura o pão

Noite
Que conserva
Orgulhosamente

A despeito de tudo
Um punhado de estrelas
Em cada mão

QUILOMBO

(2000)

Presença

É Zum
É Zum
É Zum
É Zumbi
Zumbi de Ogum
Guerreiro de Ogum
Aqui
Na praça na raça
Na reza fumaça
De incenso no ar
No canto de encanto
Na fala na sala
Na rua na lua
Na vida de cada dia
Em todo lugar

É Zum
É Zum
É Zum
É Zumbi
Zumbi de Ogum
Guerreiro de Ogum
Aqui

No rabo de arraia
No aço do braço
No samba de samba
No bumba meu boi
No bombo do jongo
Congada batuque
Maracatu maculelê

Zumbi Zumbi Zumbi
Guerreiro da Serra
Sob as estrelas acesas
Na madrugada
Nó do ebó na encruzilhada

É Zum
É Zum
É Zum
É Zumbi
Zumbi de Ogum
Guerreiro de Ogum
Aqui

Batuque
(dança afro-tieteense)

Tenho um tambor
Tenho um tambor
Tenho um tambor

Tenho um tambor
Dentro do peito
Tenho um tambor

É todo enfeitado de fitas
Vermelhas pretas amarelas e brancas

Tambor que bate
que bate que bate bate
que bate que bate
Que evoca bravuras
dos nossos avós

Tambor que bate
que bate que bate bate
que bate que bate
Batuque batuque bate
Tambor que bate
O toque de reunir

Todos os irmãos de todas as cores sem distinção

Tenho um tambor
Tenho um tambor
Tenho um tambor

Tenho um tambor
Dentro do peito
Tenho um tambor

É todo enfeitado de fitas
Vermelhas pretas amarelas
brancas azuis e verdes

Tambor que bate
que bate que bate bate
que bate que bate
Tambor que bate
O toque de reunir todos
os irmãos de todas as cores
Dispersos excluídos
Jogados em senzalas de dor

Tambor que bate
que bate que bate bate
que bate que bate
Tambor que fala de ódio e de amor
Tambor que bate sons curtos e longos
Que bate
O toque de reunir
Todos os irmãos de todas as cores

Num quilombo
Num quilombo
Num quilombo

Neste mundo

para Luiz Cruz

Neste mundo de homens de aço
Eis o palhaço
A poesia é minha ocupação
É meu pão
Sou poeta louco pobre-diabo
Sou declamador de minha dor
Sou meu irmão irremediável truão

Neste mundo de homens de aço
Sou sim o palhaço
Eu que em difícil missão
Em público desnudo
O coração

Poema do amargo cotidiano

Lá vem o carro de fogo
Cuidado Zé Tambor
Zé Tambor cuidado
Lá vem o carro de fogo
Lá vêm os homens de olhos de fogo
Mãos vermelhas e armas de fogo

Parado na esquina ou na praça
Em frente ao banco
Ou supermercado
Ou em qualquer lugar
Zé Tambor cuidado

Lá vem o carro de fogo
Zé Tambor
A morte é irmã gêmea da vida
Zé Tambor
A morte e a vida são ambas tão ligadas
Zé Tambor
Que entre ambas não há
Zé Tambor
Limite demarcado
Zé Tambor cuidado

Eis que chegam rápido os
homens de olhos de fogo
Eis que saltam como tigres
do carro de fogo
Com as mãos vermelhas
de fogo e sementes de destruição
Esses homens Zé Tambor
Não conhecem mais seus irmãos
Esses homens de fogo e aço
Se transformam em robôs
Que se lançam furiosos
contra seres sem proteção
Que se lançam furiosos
principalmente contra ti
Contra ti principalmente
Tambor cor suspeita de carvão

Prece

Castro Alves que estais no céu
santificado também seja o vosso nome
Olhai por nós agora e sempre do além
Estendei as mãos sobre a cidade
Acendei a chama da liberdade
do amor da fraternidade
como vossos versos ensinado têm
Rumo às alturas às estrelas
guiai nossos passos Castro Alves
agora e sempre por todo o sempre
Amém

Que negros somos nós

para meus netos, Matheus e Thiago

Que negros somos nós que nada sabemos dos quilombos
que ensinaram liberdade no país inteiro

Que negros somos nós que nada sabemos das lutas gravadas
com sangue suores e prantos na memória da história

Que negros somos nós que nada sabemos das glórias dos
tempos idos dos horrores sofridos por nossos avós

Que negros somos nós que nada sabemos da linguagem
telegráfica dos tambores

Que não mantemos acesa a chama que outrora brilhara como
estrela-da-guia

Que nada fazemos para descobrir nossa origem nossas raízes

Que não damos valor à nossa cultura no dia a dia ou então
(o que mais ocorre) a desconhecemos completamente

Que negros somos nós que descrentes nos envergonhamos
da nossa religião que nós muitas vezes chamamos de
feitiçaria folclore mitologia

Que negros somos nós que nos envergonhamos de negros
   sem procurar compreendê-los

Que negros somos nós que nos envergonhamos da
   escuridão de nossa pele dos lábios grossos do nariz
   chato do cabelo duro

Que negros somos nós principalmente os de movimentos
   negros que dizemos combater preconceitos e temos
   às vezes mil preconceitos no peito

Que negros somos nós que na ânsia de ascensão
   humilhamos e preterimos nossos próprios irmãos mais
   pobres ou mais escuros

Que quando conseguimos boa situação na vida tantas
   vezes nos isolamos em torre de marfim ou casamos
   com pessoas brancas só porque são brancas

Que somos ridicularizados nas ruas nas praças nos clubes
   na imprensa em toda parte e permanecemos de braços cruzados

Que somos pisados a todo momento com crueldade e
   permanecemos de braços cruzados

Que somos jogados como sucata na lata de lixo da
   sociedade e permanecemos de braços cruzados

Que negros somos nós que só sabemos chorar à beira
   da estrada e não fazemos nada

Que negros somos nós que não marchamos a caminho do
sol ombro a ombro com outros oprimidos de todas as
cores de acordo com a tradição sob o comando de um
novo Zumbi

Que negros somos nós que desvivemos desunidos
desconfiados uns dos outros por aí sem rumo, sem
líder nenhum

Que negros somos nós que não mais empunhamos a
espada afiada de Ogum

Baticum do boia-fria

Não me chamem de boia-fria
Que boia-fria não sou
No banquete capitalista
Nem boia-fria me sobrou

São vocês senhores nababos
Eu escravo camuflado
Vocês me batem me batem
Em paga do meu trabalho
Me batem me batem
Com o chicote da fome
Me batem me batem
Com mãos implacáveis
Me batem me batem

Não me chamem de boia-fria
Que boia-fria não sou
No banquete capitalista
Nem boia-fria me sobrou

Como bateram em Luther King
Como bateram em Jesus Cristo
Vocês me batem me batem

Com o chicote da fome
Me batem me batem
Com o cassetete da opressão
Me batem me batem
Com toda crueza
Me batem me batem

Mas um dia acabo com isto
Viro a mesa
Ponho fim à escravidão

13 de maio

O branco me pegou na África
Me trouxe pra cá para trabalhar

De sol a sol
A bem dizer quase sozinho
Construí o país
Com o meu suor

Sim
O branco sempre
Andou montado
Na minha cacunda
Na minha cacunda
E quando achou
Que não precisava mais de mim
Deu um pontapé na minha
                              canela

Arco-íris

para Regina Di Franca

Nós somos Dons Quixotes
Em cavalos de sonhos vamos
Por toda parte da cidade
Semeando palavras como sementes
Dividindo o pão do bem mostrando caminhos
Levando esperanças a quem não tem

Nós somos Dons Quixotes não importa
De sonhadores o mundo tem precisão
A vida será céu quando todos os homens
Trouxerem as estrelas aqui para o chão

Rotina

Vai um homem negro sozinho
na noite caminhando devagar

Devagar caminhando na noite
sozinho um homem negro vai
Cuidado irmão o perigo
traspassa a noite como punhal
Irmão cuidado eis que na esquina
na noite deserta surgem quatro policiais

É tarde é muito tarde a noite
se fecha com mãos de ferro é tarde demais
A noite se fecha cercando o homem negro
se fecha com mãos de ferro como tenaz
Com as mãos vermelhas eis que apressados
desaparecem na noite os policiais
Olhos apagados imóvel no chão pedra fria
em poça vermelha meu irmão jaz
E não vai mais abrir os olhos nem levantar-se
nem caminhar de noite nem de dia nunca mais

É preciso que saibamos

É preciso que saibamos
Muita coisa sobre a origem
De tanta dor tanto tombo
Dos males que nos afligem

O homem negro é como o boi
Não sabe a força que tem
Se soubesse não levava
Chicotada de ninguém

Linhagem

Eu sou descendente de Zumbi
Zumbi é meu pai é meu guia
Me envia mensagens do Orun
Meus dentes brilham na noite escura
Afiados com o agadá de Ogum
Eu sou descendente de Zumbi
Sou bravo valente sou nobre
Os gritos aflitos do negro
Os gritos aflitos do pobre
Os gritos aflitos de todos
Os povos sofridos do mundo
No meu peito desabrocham
Em força em revolta
Me empurram pra luta me comovem
Eu sou descendente de Zumbi
Zumbi é meu pai é meu guia
Eu trago quilombos e vozes bravias dentro de mim
Eu trago os duros punhos cerrados
Cerrados como rochas
Floridos como jardins

Raízes

para Aristides Barbosa

Estou de volta pra casa
Estou de volta a meu lar
A vida aqui tem sentido
Aqui é que é meu lugar

Oxum passeia na praça
Xangô conversa no bar
Hoje de volta pra casa
Convivo com os orixás

Estou de volta pra casa
Aqui tudo é natural
Té felicidade é fruto
Que se consegue alcançar

Enfim reencontro a fonte
Donde axé jorrando está
Estou de volta pra casa
Estou de volta a meu lar
A vida aqui tem sentido
Aqui é que é meu lugar

Aqui tem congada samba
Batuque pra se dançar
Tem mulheres lindas lindas
Lindas feito Iemanjá
Mulheres de largas ancas
E doce encanto no olhar

Estou de volta pra casa
Estou de volta a meu lar
A vida aqui tem sentido
Aqui é que é meu lugar
Agora livre de abismo
Livre pássaro a voar
Aqui tenho vida plena
Com a bênção dos orixás

Estou de volta pra casa
Estou de volta a meu lar
Hoje vivo como vive
Caracol no meu quintal

Canção de amor

*para o diácono José Pires Correa
e o historiador Zico Pires (in memoriam)*

Abram a janela.
Deixem o vento trazer nas suas asas
Lembranças da minha terra.
Da Curuçá faceira de céu azul cheio de luz;
Das casas de mil janelas, como olhos de madeira,
Vigiando à tarde ruas estendidas ao sol;
Das bandas de música, dos apelidos;
Da Cidade Jardim emoldurada
Por canaviais sem fim — mar de esmeralda.

Abram a janela.
Deixem o vento trazer nas suas asas
Lembranças da minha terra.
Eu quero ouvir as vozes imortais de seus poetas,
Valério, Cornélio Pires, Joaquim Cruz, Luís Martins, Aécio,
Rossini, Euclides, Gomide, Josias, Fuzilo e outros mais.
Eu quero ouvir todas essas vozes imortais.

Abram a janela.
Deixem o vento trazer nas suas asas
Lembranças da minha terra.
Havia uma rua que se chamava Rua das Flores.
Na Rua das Flores havia uma rosa
Que eu, ainda criança, amava tanto
E ela nunca soube do meu amor.

Abram a janela.
Deixem o vento trazer nas suas asas
Lembranças da minha terra.
Eu quero ouvir de novo
As serenatas orvalhadas de prata,
Du e seu violino sentimental,
Checheta e seu velho violão.
Quero ouvir cavaquinho, bandolim, pandeiro, lentas
Valsas na voz de veludo de Veloso Assumpção.
Quero ouvir as serenatas nas madrugadas,
Quando as estrelas sonham sonolentas,
Nos braços da ilusão.

Abram a janela.
Deixem o vento trazer nas suas asas
Lembranças da minha terra.
Tia Maria benzia, fazia a chuva parar
E, em tempo de seca, fazia chover.
Naquelas escuras mãos de fada, quanto poder havia!

Mas um dia velhinha tia Maria
>>>>>>>>>>embora
>>>>>>>>>se foi
>>>>>>>>sumiu,
>>>>>>>neblina
>>>>>>na fria
>>>>>das nuvens,
>>>>a escada
>>>subiu
E não voltou nunca mais.
Deve estar agora em companhia dos ancestrais.

Abram a janela.
Deixem o vento trazer nas suas asas
Lembranças da minha terra.
De repente me vejo menino na escola primária,
Com pés descalços, roupa velha remendada,
Ou vejo a mim mesmo menino tristonho, parado,
Na frente do cinema, sem dinheiro para a entrada.
De repente, naqueles anos amargos,
Vejo principalmente meus pais,
Dois bravos empenhados então
Na séria luta contra o dragão da miséria,
Que jamais conseguiu destruir a gente.

Abram a janela.
Deixem o vento trazer nas suas asas
Lembranças da minha terra.
Da Cidade Jardim;
Das casas de mil janelas, como olhos de madeira,

Vigiando à tarde ruas estendidas ao sol;
Da bela Curuçá;
Da minha terra natal.
E quando a noite vier, como virá de qualquer maneira;
Quando o relógio, em seu eterno compasso, bater a hora final,
Eu quero aconchegar-me à minha terra,
Quero dormir no seu regaço.

História

No ano de um mil
oitocentos e oitenta e oito
foi feita uma lei de ouro
que acabava com a escravidão
depois se verificou
que foi engano
o ouro era falso
e o negro entrou pelo cano

Quinhentos anos

para Ivani L. Marchesi de Oliveira

Não embarcamos no oba-oba
Não vamos por essa rota
Meu irmão negro não
Meu irmão índio não
Meu irmão branco pobre
também não
Não somos idiotas
Estamos cansados
de carregar quinhentos anos
de opressão nas costas

Esta data para nós
é apenas um marco de luta
por um Brasil de cara nova
por um Brasil que a si mesmo se assuma
por um Brasil de cara nossa
em que haja sol pra todo mundo

Samba de roda

para Nei Lopes

Batuque é bom é bombom
Batuque bem-temperado
Com tempero de pecado
É bombom é bom é bom

A noite devora a lua
A noite apaga o luar
Estrelas frias de medo
Fogem pro fundo do mar

Eta batuque alegria
Batuque bem-temperado
Com mulheres escultura
Com sorriso de marfim
No rosto de noite escura
Com cintura de pilão
Com bumbum desabusado
Com dança enfeitando o andar
Com cantiga d'água pura

Batuque é bom é bombom
Batuque bem-temperado

Com tempero de pecado
É bombom é bom é bom

O ritmo comanda a noite
A noite rege o pagode
Batuque é festa magia
Com o batuque ninguém pode

Eta batuque alegria
Eta alegria sem par
Que nós trouxemos um dia
Lá doutro lado do mar

Batuque é bom é bombom
Batuque bem-temperado
Com tempero de pecado
É bombom é bom é bom

Tema cristão

para Alice Helena Costa Parra

Amor é pão, é alimento;
Amor é a vida da vida;
Contudo, nada entendemos
Da grandeza do amor ainda.

Vejo pombos e passarinhos
Se amando no meu telhado
E vejo os homens passando
Com a alma e com os olhos fechados.

Com a alma e com os olhos fechados,
Passam os homens, e se vão,
E não percebem, coitados,
Que só o amor é a salvação.

Quando florirá (pergunto)
A comunhão universal?
Quando nos amaremos,
Como as aves do meu beiral?

Se uns aos outros não nos amamos,
Se não abrimos o coração,

Como ousar dizer ao mundo
Que somos realmente cristãos?

TAMBORES DA NOITE

(2009)

Minha luta

para a escritora Elisa Larkin Nascimento

Saibam que minha luta
Está enraizada nas lutas dos meus avós
E também saibam que minha luta
Não é só minha
É luta de todos nós

Ontem lutaram comigo nos quilombos
Índios e brancos pobres irmãos explorados também
Meu quilombo de hoje
Não é diferente dos quilombos do passado
Nas lutas contra injustiça
Nas lutas contra discriminação
Ninguém pode ser
Injustiçado
Discriminado

Quem ame realmente a liberdade
Quem realmente seja irmão
Quem tenha realmente amor no peito
Me dê a mão
Junte-se à minha voz
Que meu quilombo de hoje amigos

É igual aos quilombos do passado
É quilombo de todos os oprimidos
É quilombo de todos os explorados
É quilombo aonde todos são bem-vindos
É quilombo de todos nós

Cavalo dos ancestrais

para a poeta Isabel Hirata

Minhas irmãs meus irmãos
Os ancestrais fazem de mim seu instrumento
Minha voz não é minha é voz dos ancestrais
Meus gestos não são meus são gestos dos ancestrais

A despeito de minha fragilidade
Os ancestrais fazem de mim seu instrumento
Me fazem portador de sua mensagem
Eles é que me mandam falar
Sobre a Mãe África violentada
Eles é que me mandam falar
Sobre tanto sangue derramado na travessia
Sobre tanto sangue derramado nas fazendas
Sobre tanto sangue derramado nas cidades
Sobre tanto sangue derramado nas lutas
Pela sua própria libertação e defesa desta terra

Eles é que me mandam falar
Sobre milhares e milhares de homens negros assassinados
Nas fazendas
Nos quilombos
Nas insurreições urbanas

Apesar de eu ser tão limitado
Os ancestrais fazem de mim seu instrumento
Me fazem portador de sua mensagem

Minhas irmãs meus irmãos
Esperam tanto de nós os ancestrais
Principalmente que sejamos dignos
Que sejamos dignos que sejamos dignos
De tanto sangue derramado
Principalmente que sejamos dignos
Que não nos curvemos
Que não nos entreguemos
Que continuemos a marcha da liberdade
Que ergamos novos quilombos sob o signo do amor
E da fraternidade
Para que germine
Para que floresça
Para que frutifique cada vez mais
Tanto sacrifício
Tanto sangue derramado

Indignação

Minha vida minha vida
É ilha de sofrimento
Cercada de injustiça
Por todos os lados
Meu irmão onde a saída
Senão na força da rebeldia

Como gostaria de não ser revoltado
Sob o peso de tanta dor tanta miséria
A revolta me invade porém

Vítima de perseguição
Encurralado marginalizado
Neste mundo neste mundo
Que é meu mundo também
Meu irmão tenho vontade
De sair como um demente
Gritando gritando pelos campos
E ruas e praças das cidades
Que é preciso urgentemente
Limpar com papel higiênico
A cara cristã da sociedade

Complexo

para o escritor Ironides Rodrigues

A nação tem vergonha de si mesma
Tem vergonha de si mesma tem vergonha
Tem vergonha de minha presença
Tem vergonha de minha cultura
Tem vergonha de meu sangue que em suas veias circula
Então se volta contra mim maldosamente
Então se volta contra mim me pisa me humilha
Distorce minha história deseja que eu desapareça

Eu era livre na África
Não vim aqui porque quis
De repente precisaram de braços que construíssem este país
E me arrebataram para cá preso em correntes

Fui eu que construí o que esta nação tem
Agora a nação tem vergonha de si mesma
Agora tem vergonha de minha presença
Agora tem vergonha de minha cultura
Agora tem vergonha de meu sangue
Agora se volta contra mim
Fui eu (repito e repetirei sempre)

Fui eu quem construiu o que esta nação tem
Não quero saber de coisa alguma
Só sei que esta nação é minha também.

Dilema

> *Negro geme porque apanha*
> *Apanha pra não gemer*
> Solano Trindade

O homem negro não tem sossego no peito
É sem receio de erro que digo isto
Se grita contra injustiça se protesta
Leva a pecha de desajustado recalcado
Se fica quieto é considerado fraco submisso

Destituição

Cadê o samba
Que era meu
O branco tomou e deturpou
Cadê o branco
Tá por aí
Ganhando dinheiro
Com o samba que roubou

Cadê o carnaval
Que era meu
O branco tomou e deturpou
Cadê o branco
Tá por aí
Ganhando dinheiro
Com o carnaval que roubou

Cadê Iemanjá que eu trouxe da África
Cadê Iemanjá que era negra como eu sou
Tá dependurada na parede
Onde o branco a dependurou
Pintada de branco como o branco a pintou

Cadê as terras que desbravei
Cadê as riquezas que construí
O branco de tudo se apossou
Cadê o branco
Tá por aí
Na sua velha altivez
Colhendo frutos que não plantou

Encontro

De repente a noite em horas mortas
Abre a porta do meu quarto
E entra silenciosamente
Em passos suaves de sombra
Despe do corpo de veludo o tênue véu
E nua deita-se em minha cama macia e quente
Bailam no ar risos arrulhos e acres odores
De repente o quarto faz-se céu
Engalana-se de estrelas esplendentes
Astros inspiradores de quem ama

O caso de tia Ana

Batem na porta da rua
Vai atender a quem bateu
— Vá chamar um dos donos da casa
seu patrão ou sua patroa
— A dona da casa sou eu
A pessoa muda de tom de repente
— Oh Senhora me perdoa
Esta cena se repete frequentemente

Elegia ao velho rio

O velho rio agoniza
Envenenado pelos homens

Ontem a cidade descia
As colinas marginais
Para olhar-se como vaidosa menina
Em suas águas de cristal
Ontem o sol as estrelas a lua
Deixavam as alturas
E se aninhavam ao fundo do rio
De onde contemplavam a cidade

Ontem as moitas de aguapés
Eram floridos jardins itinerantes
Enfeitando a paisagem
Ontem os peixes abundantes
Eram espadas de ouro e prata
Cintilando por entre as ondas

Hoje o velho rio agoniza
Está quase morto o velho rio
Envenenado pelos homens
De olhos de cifrão

Envenenado pelos homens
Que ébrios de lucro
Destroem tudo o que se oponha
À corrida louca de sua ambição
Hoje o velho rio é espelho apagado
A cidade não mais consegue ver-se
Em suas águas escuras e doentes
Hoje ele não reflete mais
O sol as estrelas a lua
Nem abriga em seu seio
Peixes cintilantes de ouro e prata

As asas da morte
Já projetam sombra soturna
Sobre o rosto dorido do rio
Em vão seus amigos
Tomados de dor
Ante tanta crueza
Lamentam seu lento estertor
E em ruas e praças
Levantam barricadas de palavras
Em sua defesa
Em vão por enquanto
Por enquanto em vão
Tanta luta tanto pranto
As mãos criminosas continuam
Envenenando o velho rio
Sem punição

PROTESTO E OUTROS POEMAS

(2015)

Estereótipos

esse caso fu man chu
negro ou branco tanto faz
devia deixar pra lá
caricaturar a mulher
não ajuda a mulher em nada
muita mágoa é que lhe traz
há modas interessantes
no batuque de umbigada
a mulher já sofre tanto
com esse caso fu man chu
por que feri-la inda mais

Noite feliz

para Ângela Brito

noite feliz
cantam hinos
nas estrelas
tocam sinos
em belém
bem
bem
bem
é natal
bom natal
a todos os homens
nasceu em belém
jesus menino
para nosso bem
é natal
quem tem
amor no coração
tem natal
quem não tem
não tem
não tem

Cabelo

cabelo cabelo
eterno pesadelo
quem tem curto alonga
quem tem longo encurta
quem tem crespo alisa
quem tem liso enrola
tudo bem
eu contudo
com cabelo
curto ou longo
liso ou crespo
de qualquer jeito
levo chumbo

Eu sou negro

Eu sou negro sim sou negro
E não admito chacota
Minha cor é linda firme
É saúde e não desbota

Sou negro cor de fumaça
Até na sombra meu bem
Meu bem eu trago nas veias
Sangue doutras raças também

Quando Zumbi voltar

Ouçam ouçam meus irmãos
berimbau anda falando
que Zumbi há de voltar
com sua lança na mão
seguido dos guerreiros companheiros
de todos os quilombos daqui
berimbau anda falando
no país inteiro
que Zumbi há de voltar
e que quando ele chegar
com sua lança na mão
nossa vida vai mudar
vai haver pão e justiça
vamos realizar nossos sonhos
vamos avançar cada vez mais
Zumbi vai conduzir a todos
vai levar todos nós
à terra da liberdade
à pátria da vida e do sol
quando pai Zumbi voltar
com sua lança na mão
vai botar pa correr
este pessoal soberbo e mau

que se apossou do poder
que exclui da vida social
os negros índios e brancos pobres
vai botar pa correr
esse mesmo pessoal que acumula
enormes fortunas roubadas
aos cofres públicos nacionais

Estão matando

para Maria Marcionília Jorge

Estão matando nossos jovens
Estão matando nossos índios
É de partir o coração
Estão matando nossos jovens
Na favela na periferia
Em qualquer lugar
Estão matando nossos índios
Lá no fundo do sertão
Estão matando nossos jovens
Estão matando nossos índios
Como dói como dói o coração

Indenização

para Vera Alves

Não há nada que pague tanto sacrifício
Entretanto os orixás clamam das estrelas
Os orixás querem saber quando
Quando vocês vão tentar fazer justiça
Quando iniciarão o pagamento
Da dívida histórica esquecida
Que a nação deve ao povo negro
Por mais de trezentos e cinquenta anos
De trabalho desumano
Atrás de grades de aço
Os orixás querem saber quando
Quando haverá justiça
Quando a justiça vai chegar
Os orixás querem saber
Quando vão reparar o mal que fizeram ao povo negro
Os orixás querem saber quando
Clamam das estrelas os orixás

Eu

em terras dos meus ancestrais
fui guerreiro
fui rei
fui faraó à sombra das pirâmides
fui nzinga na resistência de angola
fui soldado na libertação de moçambique
fui mandela na guerra pacífica em combate ao apartheid

em terras dos meus ancestrais
fui guerreiro
fui rei
fui sábio em alexandria
fui tanta gente que nem sei

de repente um dia
fui violentamente arrebatado
da casa dos meus avós
transformado em escravo
hoje eis-me aqui na américa
em luta aberta pela liberdade
eis-me aqui zumbi dos palmares em alagoas
tiradentes em minas gerais
martin luther king em alabama

fidel castro em havana
em luta contínua
de aurora a aurora
por lugar à vida
por lugar ao sol

Mães da Baixada Fluminense

ao amigo Luiz Cruz

As estrelas e a lua
Seguem com olhar
De piedade grupo
De mães da Baixada Fluminense
Perdido sem norte sem rumo
No labirinto da cidade
Procurando desesperadamente
Seus filhos queridos
Desaparecidos de repente

As estrelas e a lua
Viram tudo o que aconteceu
Viram tudo e nada dizem
Viram ódio correrias
Viram fuzis metralhadoras
Viram manchas de sangue no chão
Viram tudo e nada dizem
Às mães infelizes

Junto com elas caminha
Sem que ninguém a veja
A mãe daquele que ensina

Há mais de dois mil anos
A união entre os homens
O amor entre os homens
E a humanidade
Ainda não aprendeu
O sofrimento que essas mulheres
Carregam nos ombros é igual
Ao de mães argentinas
Que em praça de Buenos Aires
Levantam estandarte de indignação
Pelo desaparecimento
De filhos queridos também

Tocai sinos das igrejas
Rufai tambores dos terreiros

Pelas mães desesperadas
Pelos filhos desaparecidos
Pelos sonhos assassinados
Atrás da noite
Pelos fatos sem solução
Na América na África
No mundo inteiro

Tocai sinos das igrejas
Rufai tambores dos terreiros
Amém

Dito

cuidado racista
dito pode não embarcar
em sua hipocrisia
se ele percebe
que você lhe falta
com o respeito com esse seu jeito
de ofender pessoas
e dizer que é brincadeira
você com certeza
vai se dar mal
de repente entra em fria
o rapaz pega pesado
você de repente
leva pé na cara
leva rabo de arraia
leva rasteira leva tranco
leva mil golpes
corre risco de no fim
usar terno de madeira

Como diriam

Como diriam
Nelson Cavaquinho
Solano Trindade
e Martin Luther King
tire o racismo
do meu caminho
que eu quero ir em frente
às terras da liberdade
onde as pessoas
se dão as mãos
onde todos vivem
como irmãos

Já disse e repito
sou irmão de todo mundo
todo mundo é meu irmão
você contudo
se não tirar o racismo
do meu caminho
absolutamente
nunca será meu irmão

Patrício

patrício ouvi dizer
que zumbi tá vindo aí
co'a lança na mão
já descera a serra
de palmares
co'a lança na mão
quando zumbi chegar
vai botar pa corrê
co'a lança na mão
todo esse pessoal
envolvido em negócios
de corrupção
no poder ou não
pois é patrício
vai haver fuzuê
danado por aqui
quando zumbi
chegar de palmares
co'a lança na mão

Branqueamento

ei brancos brasileiros
ei latino-americanos
vocês estão carimbados
é muito tarde
pra voltar atrás
por aqui
a coisa talvez funcione
lá fora
não tem esse negócio
de purificação
de raça não
lá fora
é pão pão queijo queijo
é queijo queijo pão pão
esse artifício não pega
lá fora
com certeza
vocês vão quebrar a cara

Poema adaptado

nós não somos
nós não somos
descendentes de escravos
meus irmãos
descendentes de escravos
não somos não
descendemos sim
de seres humanos
descendemos sim
de povo livre
humilhado atrás
da grade da escravidão
não descendemos
de escravos não

Berimbau

para Jorge Prado Teixeira
(*in memoriam*)

Ah Berimbau berimbau
Meu amigo berimbau

Berimbau anda falando
Que Zumbi há de voltar
E quando Zumbi chegar
Vai botar ordem na casa
Vai pôr tudo no lugar
Vai dar pão a quem tem fome
Cuidar do necessitado
Desprezado no país
Vai combater a pobreza
Fazer o povo feliz
Acender a liberdade
Dentro do peito da pátria
Como aqui nunca se viu

Ah Berimbau berimbau
Meu amigo berimbau

Berimbau anda falando
Que Zumbi há de voltar
E quando Zumbi chegar
Vai arrebentar corrente
Detonar porta trancada
Vai acabar com o racismo
Que impede mais da metade
Da população de andar
De sair da situação
Desoladora em que está

Ah Berimbau berimbau
Meu amigo berimbau

Zumbi é nossa esperança
É esperança de todos
Zumbi vai trazer mudança
O país vai tomar jeito
Já tá passando da hora
De o sofrimento passar

Ah Berimbau berimbau
Meu amigo berimbau

Meu amigo berimbau
Tem falado em toda parte
Que Zumbi há de voltar
Que com Zumbi no poder
O país vai caminhar
Zumbi põe ordem na casa
Bota tudo no lugar

Salada
(quadrinhas)

Minha prima é mestiça
Não é negra como eu sou
Alguém a chamou de negra
Minha prima desmaiou

                Dizem que somos todos iguais
                Não sou igual a ninguém
                Eu sou eu mesmo
                Sou diferente meu bem

Ser negro não é ser preto
Ser preto não é ser negro
Cor de pele não é tudo
Negro é quem se sente negro

                O jornalista racista
                Bateu as botas morreu
                Deve ter ido pro inferno
                Antes ele do que eu

POEMAS ESCOLHIDOS

(2017)

Esses fanáticos

Religião mesmo só a deles
Têm sempre certeza de tudo
Se julgam donos da verdade
Acham que só eles vão para o céu
Que nós estamos condenados
Não passamos de pobres-diabos
Vamos todos pro beleléu

Madame

Batucada na cozinha
Madame não gosta
Madame não quer
Madame é enjoada
Não gosta de nada
Batucada na cozinha
Madame não gosta
Madame não quer
Madame é racista
É doente da cabeça
E do pé
Não gosta de nada
Só gosta de chá
E bolacha
Odeia café

Rosyane Silwa

para Ravid Marcelino

Do alto do Jaraguá
Comanda Rosyane Silwa
Ei periperiferia
Ei irmão da favela
Se a elite branca
Tranca a porta do país
Vamos entrar pela janela

Boneca preta

Cuti por enquanto nada de chute
No saco de Papai Noel
Só porque não traz
Boneca preta no Natal
Por enquanto vamos ter calma
Vamos perdoar Papai Noel
Que neste país boneca preta
Em verdade companheiro
Ninguém compra ninguém vende
Ninguém gosta ninguém quer

Irmão de todo mundo

Eu sou Carlos de Assumpção
Sou irmão de todo mundo
Todo mundo é meu irmão

Você sabe donde eu vim
Você sabe donde eu vim
Vim do quilombo de Palmares
Sou descendente de Zumbi

Sou negro cor de fumaça
Sou negro cor de uva passa
Sou irmão de todo mundo
Todo mundo é meu irmão

Todo mundo é meu irmão
Mas o racista não
Racista não é meu irmão

A princesa Isabel

A princesa Isabel
Passou cheque sem fundo
Enganando todo mundo
A escravidão não acabou
A escravidão continua
Só não vê quem é cego
Ou tem a cabeça na lua

Minha tia Maria

Minha tia Maria benzia tudo

Em tempo de chuva de mais
Mandava a chuva parar
Em tempo de seca fazia a chuva chover

Benzia tudo

Paixão recolhida
Mau-olhado quebranto
Espinhela caída
Todos os males
Incrível mulher minha tia Maria
Naquelas escuras mãos de fada
Quanto poder havia
Mas um dia velhinha tia Maria
Subiu a escada das nuvens
Subiu subiu subiu
Na fria neblina sumiu
Foi embora e não voltou nunca mais
Tia Maria deve estar agora no Orun
Convivendo com os ancestrais

São Benedito do Tietê

Glorioso São Benedito
leva nosso povo
lá pra cima da montanha
onde brilham as estrelas
ajuda nosso povo
na difícil caminhada
em que enfrenta
a todo momento
tanta dor tanto sofrimento

Glorioso São Benedito
leva nosso povo
lá pra cima da montanha
onde brilham as estrelas
protege ele com teu manto
na difícil caminhada

Nosso povo tem lutado tanto
e não consegue quase nada

Meus pais

Meus pais me ensinavam
tantas coisas
Inda hoje de vez em quando
Me dizem da janela do Orun
Ei Carlito
Deus ajuda quem luta
Não desanime nunca
Não pare de lutar
Olorum não gosta
De quem não tira o traseiro do sofá

A volta de Zumbi

Quando Zumbi voltar
Com a lança na mão
Vai botar pa correr
Esse povo engravatado
Arrogante e valentão
Que se julga dono exclusivo
De tudo aqui
Que humilha e discrimina
Negro índio e branco pobre
E ainda tem muito mais
Quando Zumbi voltar
Com a lança na mão
Vai botar pa correr
Esse povo desonesto
Desonesto e mau
Que abusando do poder
Na maior cara de pau
Arromba o cofre da nação
E esconde em gavetas secretas
Em paraísos fiscais
Fortuna incalculável
Que tanta falta nos faz
Quando Zumbi voltar

Com a lança na mão
Esse povo da justiça
De Zumbi não escapa não

Este ano

Tenho lutado tanto
Não consigo valor nenhum
Nenhum valor eu tenho
Este ano não passa em branco
No mês da Consciência Negra
Vou botar fogo no engenho

Profecia

Um mais um somos mais do que dois
Somos talvez milhões
De bocas gritando
Contra a crueldade
Que a elite do país nos impõe
Um mais um somos mais do que dois
Somos milhões de quilombolas
Milhões de guerreiros

Amanhã
Com toda a certeza
A muralha do mal vai cair

Tá escrito nas estrelas

POEMAS INÉDITOS

(2018-9)

Conselho

Minha boa mãe
Meio que sorrindo
Me dizia sempre
Carlos quem fala demais
Dá bom-dia pra cavalo

O tempo passou
O tempo voou

Minha mãe foi embora
Há muito tempo

Esqueci seu sábio conselho

Ainda hoje falo
Aos quatro ventos
Não me calo

Adivinha

O que é o que é

Jacaré do papo branco
Ou semibranco
Couro grosso
Focinho em pé
Boca cheia de dentes
Língua cheia de fel

O que é o que é

Não gosta de tudo o que é preto
Não gosta de samba
Não gosta de umbanda
Não gosta de candomblé

O que é o que é

Dou um doce
A quem souber

Zé Tambor

Ei Zé Tambor aí parado
Na frente do cinema
Na frente do banco
Na frente do supermercado
Zé Tambor cuidado

A injustiça ronda
As ruas da cidade
Zé Tambor

A morte é irmã gêmea da vida
Zé Tambor

Lá vem o carro de fogo
Lá vêm os homens
De olhos de fogo
Com armas de fogo
Nas mãos

Cuidado
Zé Tambor

Cor suspeita de carvão

Não sou preto

Não sou preto d'alma branca
Vamos parar com isso meu
A tua pode ser branca
Eu não tenho nada com isso
A minha alma é cor de breu

Bala perdida

Hoje em dia
Tá fácil tá muito fácil perder a vida
Principalmente gente negra como eu
A gente escapa de acidente de trânsito
Etc. etc.
Cai na bala perdida

Eu também sou

Eu também sou brasileiro
O país também é meu
Eu ajudo a construí-lo
Desde quando ele nasceu
Mas tem muitos brancos tolos
E insolentes que acreditam
Que o país é apenas seu

No planalto de Brasília

No planalto de Brasília
O clima não anda bom
Não anda bom
Não anda bom
No planalto de Brasília
Tem leilão tem leilão
Tão vendendo o país
Para um tal de Mister John
Mister John
Mister John
No planalto de Brasília
O clima não anda bom
Tem leilão
Tem leilão
Tão entregando o país
A mister John
E tem gente que acha bom

Vim da África

Vim da África
Fui trazido pra cá à força
Pra trabalhar

Construí o País
Quase sozinho

Hoje esquecido
Na marginalidade
Em periferias e favelas
De todas as cidades
Luto sem tréguas
Pela minha liberdade

Sou guerreiro
Sou filho de Ogum
Só vou parar de lutar
Contra tanta injustiça
Quando o sol brilhar

Quem mandou matar Marielle

Quem mandou matar Marielle
A nossa nova Dandara
Quem mandou matar Marielle
A enviada de Ogum

Quem tem ceifado tantos sonhos
Quem tem coberto todo o país
Com tantas mortes sem explicação
Quem tem matado tanta gente inocente e culpada

Há no ar silêncio enorme
Não há nenhuma resposta
Será que a justiça dorme
Ou a justiça está morta

Posfácio

Carlos de Assumpção, uma história que grita

Alberto Pucheu

"Há muitas histórias/ Sobre os meus avós/ Que a História não faz/ Questão de contar", escreve Carlos de Assumpção no poema "Meus avós". Nascido em 1927 em Tietê, o poeta vive desde 1969 em Franca, no estado de São Paulo. Veio de uma família, segundo ele mesmo, paupérrima. É neto de Cirilo Carroceiro, beneficiário da Lei do Ventre Livre, analfabeto, que, na infância de Carlos, junto de uma fogueira no quintal, lhe contava histórias que se contrapunham ao que o menino aprendia sobre os tempos da escravidão nos livros supostamente educativos da escola. E é filho de um pai igualmente analfabeto, exímio contador de histórias, e de uma mãe alfabetizada, que trabalhava cozinhando e lavando roupa para fora, sendo, ainda, uma amante de poesia, à qual se dedicava a ponto de ensaiar poemas com as crianças da Sociedade Beneficente 13 de Maio, para que se apresentassem nas festividades negras.

Foi nessa família leitora de poemas, narradora, fabuladora e politizada (ativa em associações militantes negras na década de 1930, como a Frente Negra Brasileira e a sociedade anteriormente citada), na qual a transmissão oral da história entrava em contradição com a história oficial do país, que o pensamento e a imaginação de Carlos de Assumpção se formaram. O gosto pela leitura veio dos livros que a mãe trazia da biblioteca da igreja para casa; a paixão pela poesia se expandiu ouvindo os cururueiros e outros poetas populares de sua cidade e das vizinhas. Em "Canção de amor", relembrando sua terra, o poeta escreve: "Eu quero ouvir as vozes imortais de seus poetas,/ Valério, Cornélio Pires, Joaquim Cruz, Luís Martins, Aécio,/ Rossini, Euclides, Gomide, Josias, Fuzilo e outros mais".

Depois de morar em São Paulo e trabalhar em empregos informais (por exemplo, como ajudante de caminhoneiro e faxineiro do jornal *O Estado de S. Paulo*), fez o curso normal, tornando-se professor de crianças em escolas do interior do estado. Consolidou sua vida em Franca, onde, depois de completar quarenta anos, cursou as faculdades de letras (português-francês) e direito na Unesp.

Não hesito em incluir Carlos de Assumpção entre os poetas mais importantes de nossa tradição, do século xx e do cenário contemporâneo, com poemas que se igualam ao que há de mais significativo em Castro Alves, Carlos Drummond de Andrade, João Cabral de Melo Neto e Ferreira Gullar. Com uma diferença, porém, decisiva: a de poetizar nossa história a partir do testemunho dos negros, de um eu simultaneamente pessoal, histórico e político, do corpo e da memória de vidas escravizadas, torturadas e assassinadas, submetidas a um negrocídio. Poemas como "Protesto", "Meus avós", "Cavalo dos ancestrais", "Eclipse", "Poema verídico" e "Que negros somos nós" são paradigmáticos nesse sentido. Ao sinalizar uma de nossas faltas fundadoras e revelar a exclusão como estratégia de domínio colonizador — com consequências drásticas em nosso tempo —, a poesia de Carlos de Assumpção se apresenta como uma fundação tardia do Brasil. Ela é uma aposta ética e política num outro passado e num outro presente, no qual os negros finalmente teriam visibilidade afirmativa. Atrever-se a falar, a pensar e a criar como faz este poeta é reverter a história escravocrata na qual, como um modo extremamente eficaz de dominação colonial, o silêncio dos oprimidos foi naturalizado e a manifestação dos negros impedida por meio da violência tanto física como simbólica. É aqui que Carlos de Assumpção assume como poucos o papel de ocupação do discurso, expondo os conflitos paradoxais formadores dos negros no Brasil, com o objetivo de participar da luta por um futuro mais justo.

Escrito em 1956, "Protesto" foi recitado pela primeira vez em público em 1958, na Associação Cultural do Negro, em São Paulo. Na Associação, Carlos se tornou amigo de Solano Trindade, Oswaldo de Camargo, Eduardo de Oliveira, Aristides Barbosa e outros poetas e intelectuais que a frequentavam. A amizade com Abdias do Nascimento teve início em São Paulo e estreitou-se em Franca, onde o poeta, nascido em Tietê, foi morar em 1969. Foi também em 1958 que o primeiro livro dos *Cadernos de Cultura da ACN* foi publicado, com "Protesto" e "Grito de angústia", este de Oswaldo de Camargo. Desde então, o poema de Carlos de Assumpção foi recitado repetidamente para auditórios cheios, tornando-se um dos poemas mais admirados por integrantes do movimento negro.

É admirável que os poemas de Carlos de Assumpção se afinem ao que havia de mais significativo na formulação de um pensamento de poetas e teóricos negros sobre questões raciais, passando pelo renascimento negro, pelo negrismo cubano e pela negritude, com Langston Hughes, Nicolás Guillén, Léopold Senghor, Aimé Césaire, Léon Damas e Frantz Fanon. Nesses casos, está em jogo um pensamento poético, político, ético e filosófico da diáspora africana pelo mundo provocada pela violência sem par da colonização, da escravização, da retirada da terra natal, da perda da língua. Senegal, Cuba, Martinica, Guiana Francesa, Estados Unidos, Brasil. Senegalês, espanhol, francês, inglês, português brasileiro, crioulo: exemplos de algumas das línguas desterritorializadas que dão testemunho da diáspora de um povo violentado, escravizado, vulnerabilizado, em luta pela transformação da história.

Interessa contrapor a imediaticidade da acolhida do poema "Protesto" no âmbito dos movimentos sociais à cegueira da crítica, do meio jornalístico e do mundo editorial — cegueira que parece derivada do desconhecimento de parte da poesia criada no país, em especial quando são criações que não provêm da classe social de que costumam fazer parte os críticos brasileiros. Talvez hoje, com as conquistas históricas dos movimentos organizados, a crítica esteja mais propensa a dar relevo a poetas como Assumpção, indo aonde antes, por ignorância, não ia, e tratando de ter consciência de que poetas como ele nunca estão exatamente onde os procuramos, onde conseguimos pensá-los.

Embora em 1958 a Associação Cultural do Negro tenha publicado "Protesto", por dificuldades financeiras do poeta e pelo desconhecimento geral do circuito da poesia, da mídia e do meio editorial, o primeiro livro de Carlos de Assumpção só veio a público em 1982. Sem despertar a atenção, seus livros seguintes ficaram relegados à ignorância generalizada. Como, senão pelo racismo de nossa história, se explica que esse poeta fundamental não seja lido por outros poetas e por críticos, jornalistas, intelectuais, antologistas de poesia e leitores em geral?

Em 1966, a revista francesa *Présence Africaine* — da Société Africaine de Culture, iniciada em 1947 e, perseverante, ainda hoje em atividade — publicou seu número 57, todo ele dedicado à nova poesia do mundo negro em cinco línguas: francês, inglês, espanhol, português e holandês. Naquele número da *Présence Africaine* figuravam, entre os brasileiros, na ordem de aparecimento: Nataniel Dantas, Eduardo de Oliveira, Carlos de Assumpção — com "Protesto" —, Luiz Paiva de Castro, Oswaldo de Camargo e Marta Botelho. Um dos poetas presentes naquele número da revista era o futuro prêmio Nobel Derek Walcott.

Quanto ao poema "Protesto", a palavra que o intitula é composta por *pro-testari* (de *testis*, testemunha), sinalizando quem, diante de determinado litígio judicial, pode se posicionar a respeito do que viu sem se confundir com quem esteve diretamente implicado na querela. Testemunha, entretanto, também é aquele que experimentou uma violência e conseguiu escapar da morte. É um passo na linguagem de quem viveu a morte de perto. Diante do acontecimento testemunhado, a fala provoca um segundo acontecimento: se inscreve no silenciamento da dor, tornando-a pública, contra a versão que quer apagá-la, para que o motivo que causou o sofrimento não se repita.

Desde sua quase aniquilação e o extermínio — presenciado — de outros, o sobrevivente (*superstes*) oferece um testemunho a ser ouvido enquanto testamento, que perdura mesmo depois de sua morte: "E nem a morte terá força/ Para me fazer calar" são os versos finais do poema. Se nem a morte terá força para fazer calar, nada mais conseguirá: "Senhores/ Eu fui enviado ao mundo/ Para protestar/ Mentiras ouropéis nada/ Nada me fará calar". O sobrevivente adivinha (*superstitio*) a justiça que vem. O protesto tem dupla visão: vê tanto o ocorrido quanto se faz contemporâneo do que precisa acontecer. Muitas vezes, para garantir tal veracidade do protesto, é preciso gritar.

Nada a ver, porém, com o grito continuado de um "eu" individual, interiorizado. Aqui se trata de um grito que não cessa, um grito que ultrapassa a vida de um indivíduo: herança de um brado que, cortando gerações, provém de uma dor muito anterior a esse que hoje grita. Carlos de Assumpção é o porta-voz de uma história que grita. O "eu" do início do poema revela que esse é um grito que vem dos avós: "Senhores/ O sangue dos meus avós/ Que corre nas minhas veias/ São gritos de rebeldia". Os "gritos de rebeldia" são gritos dos ancestrais "já mortos há muito tempo" transmitidos de geração em geração, no seio de uma história que faz o atual conviver com o passado. Guardar a memória do grito e usá-la para intervir no nosso tempo é uma das funções desse poema específico e da poesia de Carlos de Assumpção.

No poema, o sangue dos vivos — do vivo que fala no poema e dos vivos por quem o poema fala, do vivo que escreve e dos vivos em nome de quem o poema é escrito — mescla presente e passado fantasmaticamente. Elo entre vivos e mortos, a escravização, antes explícita, agora, apesar de intencionalmente dissimulada, continua existindo:

Senhores
Atrás do muro da noite
Sem que ninguém o perceba
Muitos de meus ancestrais
Já mortos há muito tempo
Reúnem-se em minha casa
E nos pomos a conversar
Sobre coisas amargas
Sobre grilhões e correntes
Que no passado eram visíveis
Sobre grilhões e correntes
Que no presente são invisíveis
Invisíveis mas existentes
Nos braços no pensamento
Nos passos nos sonhos na vida
De cada um dos que vivem
Juntos comigo enjeitados da pátria.

Se a primeira estrofe é um breve introito ao poema, o verso "Não pararei de gritar" continua ecoando na estrofe. A segunda, a terceira e a quarta estrofes introduzem o protesto, os ancestrais e os avós, que compartilham uma memória coletiva e estabelecem uma cumplicidade com o leitor ou ouvinte, chamando-o para perto de si e da causa da libertação. Essas três estrofes começam pela invocação: "Senhores". Até agora, sabemos que o eu que se anuncia nas duas primeiras estrofes incorpora os avós e os ancestrais, misturando-se a eles e à história, a uma história de sangue, violência, morte, rebeldia, insubmissão.

A quinta estrofe introduz um "alguém", como se lançasse, por e para esse "alguém", uma hipotética pergunta que, até esse ponto do poema, ainda poderia perdurar na cabeça do leitor ou ouvinte: "Um dia talvez alguém perguntará/ Comovido ante meu sofrimento/ Quem é que está gritando/ Quem é que lamenta assim/ Quem é". A introdução desse "alguém" traz para o poema os que não participam dessa história de sofrimento, ou seja, os que não integram o grupo do "eu", dos "avós" e dos "ancestrais", quem não sabe de suas dores. Quem é esse "eu"? Quem são esses "avós"? Quem são os "ancestrais" desse "eu" que, implicando o "eu", seus "avós" e outros, os ultrapassam?

A resposta virá, mas antes é preciso uma proximidade maior com o leitor ou ouvinte. É preciso chamá-lo para ainda mais perto, criar com ele uma intimidade que lhe permita escutar o que importa: a história — a contrapelo — do Brasil, a história da escravização e seus desdobramentos no nosso tempo, a história desse "eu", desses "avós" e desses "ancestrais": "E eu responderei/ Sou eu irmão/ Irmão tu me desconheces [...]"."Senhores", "Irmão": palavras que, isoladas sonoramente, convocam à intimidade com uma sobriedade trazida pela pausa rítmica que reforça a gravidade da convocação.

Daí em diante, na repetição explicativa do "Sou eu [...]", o poema passa a desdobrar quem, sob o pronome "eu", são o "eu", os "avós" e os "ancestrais": aqueles que, depois de carregar a construção do país nos próprios ombros, vieram a ser "os enjeitados da pátria", vítimas de um processo contínuo de apagamento de sua participação fundamental no desenvolvimento histórico do país. São eles, os enjeitados da pátria, que se desdobram, da sexta à penúltima estrofe, em vitimizados, transformados em mercadoria, objetificados, coisificados, instrumentalizados, injustiçados, enganados, preteridos, presos, escravizados, desamparados, iludidos, humilhados, torturados, marginalizados, despossuídos... Inexistentes. Se o título do poema "Protesto" se refere à primeira pessoa do verbo protestar, "[eu] protesto", esse "eu" que protesta é o eu de uma "comunidade" em constante busca de se autoinventar, livre e soberanamente. Ao levar para o título do poema a palavra "protesto", o poeta sinaliza tanto o substantivo como o verbo, o sentido do termo e o ato de protestar, em plena realização no poema.

Realizado com "palavras de fogo", com "gritos de rebeldia", com gritos de quem volta a pegar nas armas das palavras — palavras de fogo usadas como armas de fogo — contra os poderes estabelecidos, o poema grita para insuflar a transformação necessária, para incendiar a insurreição. Seu autor é uma testemunha que enfrentou o sofrimento e a morte, que praticamente deixou de respirar, que tem "fortes razões" para gritar o que não pode, de modo algum, ser silenciado ou camuflado, tendo, por isso mesmo, valor de verdade. Eis como começa o poema: "Mesmo que voltem as costas/ Às minhas palavras de fogo/ Não pararei de gritar/ Não pararei/ Não pararei de gritar"; e eis como termina, com esse grito épico que se compara a forças da natureza, pela boca do poeta: "Ou alcanço tudo o que eu quero/ Ou gritarei a noite inteira/ Como gritam os vulcões/ Como gritam os vendavais/ Como grita o mar/ E nem a morte terá força/ Para me fazer calar". Para Carlos de Assumpção, o protesto é um modo de resistência, e a resistência um modo de protesto.

No poema "Resistência", de três estrofes, o verso "Tocai tambores tocai" se repete como uma convocação. Como afirma Niyi Afolabi a respeito de "Batuque", no ensaio "Quilombismo and the Afro-Brazilian Quest for Citizenship", essa é "uma canção de protesto, de louvor [*praise*] e de celebração, um chamado à ação e à prontidão, pois todo aquele que tenha espírito musical será inspirado a lutar e protestar quando necessário". O verso "Tocai tambores tocai" apresenta aliterações em "t", assonâncias e repetições que instauram um ritmo convocatório público. Nesse sentido, "Resistência" e "Batuque" (tal como os outros poemas afins) são canções de protesto: poemas musicais que instauram um chamado "à ação e à prontidão", um chamado à "luta" do povo negro: "Não tenho mais medo da morte".

Impossível não pensar que em 1956 ou 1958 (anos em que o poema "Protesto" foi escrito e apresentado pela primeira vez em público) o concretismo fazia valer seus preceitos vanguardistas. Afastada tanto do concretismo como da Geração de 1945, destoando muito desses dois movimentos, a poesia de Carlos de Assumpção seria, antes, uma insurreição poética dos operários. Trata-se de uma escrita de luta daqueles que viveram e vivem a dor histórica de nosso país, voltando-se para versos que abordam diretamente a história ressoando "o grito da coisa viva do atual que não finda", nas palavras do professor e poeta Roberto Corrêa dos Santos. Não à toa, é significativa a presença de Assumpção e seus pares geracionais participantes da ACN no movimento negro, estabelecendo um vínculo forte entre poesia, performance, dimensão pública, pensamento, operariado e sindicalismo.

O fato é que, mesmo nesse circuito, ele ficou conhecido como o poeta de um poema só: "Protesto". Em conversa que tive com ele, o poeta me disse que "Meus avós", que considero um poema de importância não menor que "Protesto", foi escrito em 1960, portanto em relativa proximidade temporal com "Protesto", que é de 1956. Perguntei-lhe por que o poema não teve a acolhida merecida nem mesmo na Associação Cultural do Negro. Segundo ele, como "Protesto" fazia grande sucesso, ele mesmo privilegiara o poema, deixando os outros de lado. Penso que o próprio título da reunião de 2015, *Protesto e outros poemas*, insiste nessa ênfase, relegando os demais poemas a segundo plano.

Carlos de Assumpção tem poemas grandiosos, nos quais o "eu" e as designações familiares se confundem com a história às avessas do país, mas tem muitos outros, de circunstância, em que o cotidiano oferece a ocasião e o tema específicos como pontos de partida. São poemas atravessados uma e outra vez, paradigmaticamente, pelo racismo — um racismo que perdura em suas particularidades, de modos distintos, casuais, fugazes e circunstanciais. Essas repetições fazem da poesia um ato que transforma o pessoal, o particular, em público, coletivo, político. Esses poemas são os agentes de uma educação antirracista.

Chamo a atenção ainda para os poemas com ressonâncias temáticas e sonoras afro-brasileiras e para os poemas seriais, com tambores, berimbaus, batuques. Em assonâncias, aliterações, repetições e síncopes, com modulações de timbres e tonalidades orais, ecoando no português efeitos linguístico-musicais populares e africanos, eles ritmam o grito dos que estão "cansados de tanta dor".

Carlos de Assumpção teve cinco livros publicados até agora, todos em edições com distribuição restrita:

1. *Protesto; poemas* (Franca: Edição do autor, 1982);
2. *Quilombo* (Franca: Edição do autor/Unesp, 2000);
3. *Tambores da noite* (São Paulo: Coletivo Cultural Poesia na Brasa, 2009);
4. *Protesto e outros poemas* (Franca: Ribeirão Gráfica e Editora, 2015);
5. *Poemas escolhidos* (Franca: Artefato Edições, 2017).

A partir do primeiro livro, os volumes subsequentes incorporaram poemas dos livros anteriores e acrescentaram inéditos. Ou seja, salvo *Protesto*, os outros quatro livros são antologias acrescidas de poemas inéditos. Parece que, ao longo da vida, o poeta vem escrevendo um único livro em movimentação multifacetada.

Por isso, em decisão conjunta com o autor, resolvemos manter o primeiro livro em seu modo original e, em seguida, acrescentar apenas os poemas incluídos nos livros posteriores. Além disso, foram adicionados nove poemas inéditos, escritos entre 2018 e 2020. Aproveito para esclarecer que o poeta escolheu retirar os pontos-finais dos poemas sem pontuação. A variação entre poemas sem pontuação e poemas com pontuação é, para o poeta, característica da singularidade de cada poema. Se pensarmos que os poemas aqui reunidos perfazem um arco de setenta anos de criação poética — o poema mais antigo foi escrito no começo dos anos 1950 e o mais recente em 2020 —, veremos que é mesmo impossível uniformizar as variantes existentes.

A partir do primeiro livro, *Protesto*, os poemas que mais se repetem nas publicações posteriores, aparecendo em todas elas, são: "Tambor", "Crime", "Questão de sorte", "Mãe", "Tema de Natal", "Ponte de ouro", "Eclipse", "Resistência", "Protesto", "Mulher negra", "O sorriso de São Benedito" e "Autorretrato" ("Inocência", "Pedras" e "Tambor ii" só deixam de aparecer em um livro). De *Quilombo*, entre os poemas inéditos (do total de 34 do livro), os que mais se repetem depois são: "Presença", "Três quadrinhas", "Batuque", "Neste mundo", "Que negros somos nós", "Baticum do boia-fria", "Arco-íris", "Linhagem", "Raízes", "Canção de amor" e "Tema cristão". Dos nove inéditos de *Tambores da noite* (do total de 57 do livro), todos se repetem no livro seguinte, mas nenhum consta de *Poemas escolhidos*. O que teria acontecido? Terá sido intencional? Teria o poeta, ou quem quer que com ele escolheu os poemas, consultado o livro *Tambores da noite* para fazer os *Poemas escolhidos*? Teriam esquecido o livro, na organização? De *Protesto e outros poemas*, levando em conta os poemas inéditos (do conjunto de 46 da nova parte, intitulada "Outros poemas"), apenas "Cabelo", "Mães da Baixada Fluminense", "Dito" e "Berimbau" estão presentes nos *Poemas escolhidos*. Entre os 45 poemas de *Poemas escolhidos*, catorze são inéditos.

    No que diz respeito ao vínculo da poesia de Carlos de Assumpção com a poesia feita hoje no Brasil, eu o destacaria como uma espécie de pioneiro da poesia falada e, portanto, pública, dos múltiplos *slams* provindos das favelas, das comunidades, das quebradas, espalhados pelo país. Eu o colocaria, ainda, antecipando poetas — de intensidade e refinamento — como Tatiana Pequeno, Lubi Prates, Bruna Mitrano, Jarid Arraes, Adelaide Ivánova, Nina Rizzi, Natasha Félix, Elizeu Braga, Danielle Magalhães e tantas outras e outros que fazem poesia ativista, militante, engajada, que escrevem poemas-manifestos, ampliando, e não reduzindo — é bom enfatizar — a força da poesia política de nosso tempo. Eu também o entenderia como um precursor de poetas como Cuti, Miriam Alves, Cristiane Sobral, Akins Kinte, poemas fortemente históricos da cultura negra da poesia brasileira, como os de Edimilson de Almeida Pereira (penso, para dar apenas um exemplo grandioso, em "Caderno de retorno") e nas performances e nos poemas reversivos dos lugares de poder, como "Conheço vocês pelo cheiro", de Ricardo Aleixo, por exemplo.

Há muitos anos, fui à casa de uma amiga trabalhadora rural que havia cursado apenas o primário. Lá, vi dois livros na estante da sala: um de Fernando Pessoa, outro de Drummond. Dei-me conta de que, em nossa língua, os dois poetas são, de fato, aqueles que mais falam para todos e qualquer um, da trabalhadora rural ao intelectual, do operário ao artista, da trabalhadora doméstica ao profissional liberal. A poesia de Carlos de Assumpção é das poucas em que o mesmo acontece, funcionando como verdadeiro antídoto para o que hoje vivemos no país. Assumpção é um país que deveria ser o nosso país. Um poeta, uma pessoa, com uma capacidade imensa de gerar admiração e amor em torno de si. Tudo nele é generosidade, carinho, afeto, inteligência, alegria e vitalidade. Desde que conheci sua poesia, em junho de 2019, colocá-la em evidência pública, inserindo-a ao menos em certo meio da poesia brasileira que não o conhecia — mas querendo também ultrapassar o que chamam "meio da poesia" —, tornou-se para mim um desejo urgente, quase uma obsessão.

Dos seus 92 anos, farto de dor histórica, "sob o peso de tanta dor tanta miséria", mas pleno de vitalidade para a necessária intervenção política, o poeta ainda nos presenteia com poemas inéditos, como "Quem mandou matar Marielle" e "No planalto de Brasília", escritos em 2019.

1ª EDIÇÃO [2020] 2 reimpressões

ESTA OBRA FOI COMPOSTA PELO ACQUA ESTÚDIO EM MERIDIEN
E IMPRESSA PELA LIS GRÁFICA EM OFSETE SOBRE PAPEL PÓLEN BOLD
DA SUZANO S.A. PARA A EDITORA SCHWARCZ EM JANEIRO DE 2025

A marca FSC® é a garantia de que a madeira utilizada na fabricação do papel deste livro provém de florestas que foram gerenciadas de maneira ambientalmente correta, socialmente justa e economicamente viável, além de outras fontes de origem controlada.